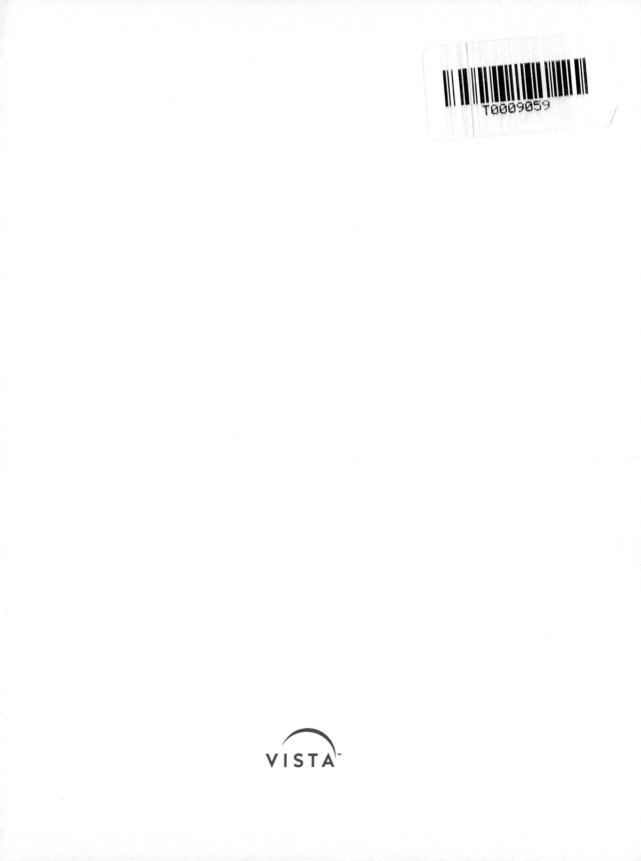

VISTA™

Entender
el orden de los sucesos

Palabras claves para **entender el orden de los sucesos:**

ahora

al final

al mismo tiempo, mientras

antes, luego, durante, después

inmediatamente

por último

primero, segundo, tercero

Los sucesos de una historia o los pasos de un proceso ocurren **en un orden lógico.** Entender el orden de los sucesos te ayuda a entender un texto.

¡Cultivemos una planta!

¿Cómo puedes obtener las frutas y verduras más frescas para ti y tu familia sin salir de casa? ¡Tú puedes cultivarlas!

Muchas plantas son fáciles de cultivar en interiores, pero es necesario reunir y preparar los materiales necesarios antes de sembrarlas.

Primero, decide qué tipo de planta quieres cultivar. La planta de chile es una buena opción. Estas plantas son fáciles de cultivar, ¡y los chiles picantes son deliciosos!

Segundo, debes obtener las semillas. Si tienes chiles en casa, un adulto puede sacarles las semillas. Si no tienes chiles en casa, puedes comprar las semillas en una tienda de jardinería.

Ahora, necesitas un envase, como un vaso o una maceta, y un poco de tierra. Llena el envase con tierra, pero deja aproximadamente una pulgada de espacio en la parte superior.

Después, coloca las semillas en la tierra y riégalas con agua. Luego, coloca el envase cerca de una ventana para que reciba mucha luz del sol. También puedes ponerlo bajo una lámpara especial para plantas. Es importante mantener la tierra templada.

Después de plantar las semillas y colocar la maceta en el mejor lugar, es hora del paso más difícil, ¡esperar a que crezca!

Toca la tierra cada dos días. Riega la tierra si se siente seca, pero si se siente húmeda, no la riegues.

Después de una semana o dos, algo emocionante sucede. La semilla se abre y comienza a crecer una plántula. La **plántula** sale del suelo y lentamente va creciendo hacia arriba, hacia la luz del sol.

Al principio, la plántula se parece a otras plantas pequeñas, pero crece cada día, y pronto comienza a parecerse a una planta de chile.

El tallo crece hacia arriba.

Las raíces crecen hacia abajo.

Mira cómo tu planta de chile **se desarrolla** y crece cada día. **Observa** la estructura de la planta. ¿Qué partes ves? Cada parte tiene una **función** importante. Las raíces crecen hacia abajo en la tierra, mientras que el tallo crece en el exterior. Muchas hojas crecen en el tallo.

SABELOTODO

No necesitas herramientas especiales para regar tu planta. Puedes usar una regadera, una jarra pequeña o incluso un vaso. Solo asegúrate de usar agua que esté a temperatura ambiente para que no sea demasiado caliente o demasiado fría.

Las raíces de la planta extraen agua del suelo, y luego el agua viaja hacia el tallo. El tallo lleva el agua hasta la planta y hacia las hojas.

Las hojas también toman la luz del sol. Las hojas utilizan el agua y la luz solar para producir alimento. El alimento mantiene la planta sana y la ayuda a crecer.

¡EXTRA!

Las plantas también absorben un gas llamado **dióxido de carbono** a través de sus hojas y emiten otro gas llamado **oxígeno**. Las personas y los animales necesitan oxígeno para respirar.

luz del sol

oxígeno

dióxido de carbono

agua

La planta de chile sigue produciendo alimento y creciendo. Pronto, producirá flores como esta.

A medida que la planta crece, probablemente se volverá demasiado grande para el envase en la que la has plantado. Cuando esto suceda, puedes moverla cuidadosamente a un envase más grande y agregar tierra. También puedes poner la planta afuera. ¡Las plantas de chile aman la luz del sol! Si la pones afuera, el clima debe ser cálido.

Muchos tipos de plantas dan flores. Las flores son hermosas a la vista, y a menudo huelen bien. Las flores también tienen una función muy importante para una planta. ¡Pueden hacer nuevas semillas!

El **poder** del **polen**

Para comprender cómo las plantas producen semillas, primero debes comprender la estructura de una flor.

El **estambre** es parte de la flor. Produce un polvo llamado **polen**. Las plantas usan este polen para hacer semillas.

El **pistilo** está en el centro de la flor. Este toma el polen y lo utiliza para hacer las semillas. Algunos pistilos usan polen de la misma flor para hacer semillas. Otros pistilos necesitan polen de una planta diferente para hacer semillas.

polen

estambre

pistilo

¿Cómo obtienen las plantas el polen que necesitan para hacer semillas?

Las flores son de colores hermosos para atraer insectos, como abejas y mariposas. El insecto se posa en la flor para beber el néctar, o jugo dulce, dentro de ella. Al hacer esto, el insecto recoge el polen de la flor. Cuando el insecto vuela a otra flor, también lleva el polen y lo transfiere al pistilo de la otra flor.

El viento también puede propagar el polen de una planta a otra.

Después de que la flor produce las semillas, el interior de la flor se convierte en un fruto. El fruto crece alrededor de las semillas y las protege. A medida que el fruto crece, la flor comienza a secarse y luego se cae.

¡EXTRA!

Según los científicos, el fruto es la parte de la planta que proviene de la flor y tiene semillas en su interior. Las verduras no son frutos. Son alimentos que provienen de diferentes partes de la planta, como tallos, hojas o raíces. Las personas suelen confundir frutos y verduras porque a menudo pensamos que todos los frutos son dulces.

Algunos frutos, como las manzanas, son dulces, pero las calabazas y los chiles son también frutos y no son dulces. Al igual que otros frutos, estos se desarrollan a partir de flores y tienen semillas en su interior. Nuevas plantas crecerán de estas semillas.

Datos
sobre los frutos

Hay diferentes tipos de frutos. Algunos frutos tienen una sola semilla, mientras que otros frutos pueden tener muchas semillas.

Un aguacate tiene una semilla grande en el centro, llamada carozo o hueso. La semilla del aguacate no se come.

Una vaina de guisante, que también es un fruto, tiene varias semillas en su interior. Estos son los guisantes. En algunos casos, podemos comer guisantes y sus vainas. En otros casos, la vaina es demasiado difícil de masticar, por eso solo comemos las semillas o guisantes.

Partes de la planta que comemos

hojas | raíces | tallos

Algunas verduras, como la lechuga, tienen hojas que cortamos y comemos. Otras verduras, como las zanahorias, tienen raíces que sacamos del suelo y comemos. De algunas otras, como el brócoli, comemos los tallos y las flores de la planta.

No todos los frutos son comestibles

Hay algunos frutos que no podemos comer. Algunos frutos, como estas bayas, son venenosas y no debemos comerlas porque podemos enfermarnos. Los frutos como el algodón tampoco se pueden comer. Se utilizan para hacer tela.

algodón

Después de unas semanas, los chiles comienzan a crecer en la planta. Al principio, los chiles son pequeños y verdes, y se parecen mucho a otros frutos. Si pruebas un chile ahora, no sabrá muy bien. Pero si sigues observando y esperando, pronto los chiles se parecerán a otros chiles que has visto.

Los chiles crecen cada vez más, y a medida que se desarrollan, crecen semillas en su interior. Esto permitirá que la planta produzca más plantas de chile.

Varias semanas después, los chiles serán más grandes y comenzarán a cambiar de color. Algunos chiles cambian de verde a amarillo, luego a anaranjado, y finalmente a un color rojo intenso. ¡Algunos chiles se vuelven morados cuando están más maduros!

Al igual que otros tipos de frutos, los chiles saben mejor cuando están maduros. Los chiles maduros también son más saludables.

Después de unos tres meses, los chiles son de color rojo intenso y están listos para ser recogidos. Los chiles contienen un aceite que puede provocar irritación en la piel y los ojos si entra en contacto con ellos, por eso, solo los adultos deben recogerlos. Lo mejor es usar guantes y tijeras para cortar el chile de la planta. Al recoger o manipular chiles, es importante no tocarse la cara ni los ojos. También es importante lavarse las manos, y el chile, antes de comer o cocinar con ellos.

¡EXTRA!

UN REGALO DE MÉXICO

Los chiles son populares en todo el mundo. Hoy en día, la gente cocina con ellos en Asia y en África, pero los primeros chiles eran de las Américas. De hecho, la palabra chile proviene de México. Después de que los exploradores visitaron México alrededor del año 1500, llevaron chiles a otras partes del mundo.

Ahora, es el momento de cocinar con los chiles. La parte más picante de un chile es la parte del fruto que rodea las semillas. Algunas personas disfrutan de los chiles picantes y piensan que cuanto más picante sea un chile, ¡mejor!

Otras personas sacan la parte picante cuando cocinan con chiles. Esto le da a la comida el sabor de los chiles pero sin que pique demasiado. Si comes algo picante y no te gusta, bebe leche o come un poco de yogur. ¡Esto ayudará a apagar la sensación de ardor en la boca!

A medida que uses tus chiles en recetas, guarda y almacena algunas de las semillas. Puedes usarlas para cultivar nuevas plantas el próximo año.

Primero, pide a un adulto que saque las semillas de un chile y las ponga en una toalla. Presta atención a las semillas; no deben tocarse entre sí para poder secarse más fácilmente. A continuación, colócalas en un lugar cálido donde no dé el sol. Luego, revisa las semillas cada dos o tres días, hasta que estén completamente secas. Finalmente, coloca las semillas en un envase de vidrio o plástico en el refrigerador. ¡Recuerda etiquetar el envase para saber qué hay dentro!

dióxido de carbono tipo de gas del aire

desarrollar crecer o cambiar

drenar hacer salir el exceso de líquido

estambre parte del interior de una flor que produce polen

función trabajo o propósito

observar mirar de cerca y con cuidado

oxígeno gas en el aire que respiran las personas

pistilo parte del interior de una flor que produce semillas

plántula planta joven que crece a partir de una semilla

polen polvo que producen las flores para poder hacer las semillas

Photography and Art Credits

All images © by Vista Higher Learning unless otherwise noted.

Cover: (background) Panther Media GmbH/Alamy; Barbara Rich/Getty Images; Paul Poplis/Getty Images; (inset) Humannet/Shutterstock.

Master Art: Leavector/Alamy; **4-5:** Hannamariah/Shutterstock; **4:** Jeanette Teare/Shutterstock; **5:** Richard Griffin/Shutterstock; **6:** (background) LedyX/Shutterstock; Panther Media GmbH/Alamy; **7:** (background) Leavector/Alamy; **12:** Humannet/Shutterstock; **13:** (background) LedyX/Shutterstock; (t) Burkhard Trautsch/Shutterstock; (b) Tommaso Barbanti/123RF; **14-15:** Daisy Beatrice/Shutterstock; **15:** (t) Kuttelvaserova Stuchelova/Shutterstock; (m) Szefei/Deposit Photos; (b) Romija/Shutterstock; **16:** (tl) OlegDoroshenko/Deposit Photos; (tr) Kwangmoo/123RF; (b) ViktoriaNov44/Deposit Photos; **17:** (t) Zoomteam/123RF; (m) PantherMediaSeller/Deposit Photos; (b) Golubovystock/Shutterstock; **18:** (t) Katerina Kovaleva/123RF; (b) Mahirates/123RF; **19:** (tl) Vanatchanan/123RF; (tm) Mimagephotography/Shutterstock; (tr) Redbrickstock/Alamy; (m) Spinetta/Shutterstock; (b) Jerry Horbert/Shutterstock; **20-21:** LedyX/Shutterstock; **20:** Barbara Rich/Getty Images; **21:** Paul Poplis/Getty Images; **22:** (background) LedyX/Shutterstock; **23:** (background) Chrispictures/Alamy; (t) SamanWeeratunga/Shutterstock; (b) Alexander Mychko/Alamy; **24:** SolStock/Getty Images; **25:** (t) Anne Jose Kan/123RF; (b) Yuliya Gontar/Shutterstock.

© 2024, Vista Higher Learning, Inc.
500 Boylston Street, Suite 620
Boston, MA 02116-3736
www.vistahigherlearning.com
www.loqueleo.com/us

Dirección Creativa: José A. Blanco
Vicedirector Ejecutivo y Gerente General, K–12: Vincent Grosso
Desarrollo Editorial: Salwa Lacayo, Lisset López, Isabel C. Mendoza
Diseño: Radoslav Mateev, Gabriel Noreña, Andrés Vanegas, Manuela Zapata
Coordinación del proyecto: Karys Acosta, Tiffany Kayes
Derechos: Jorgensen Fernandez, Annie Pickert Fuller, Kristine Janssens
Producción: Thomas Casallas, Oscar Díez, Sebastián Díez, Andrés Escobar, Adriana Jaramillo, Daniel Lopera, Daniela Peláez

¡Cultivemos una planta!
ISBN: 978-1-66992-205-6

Printed in the United States of America

1 2 3 4 5 6 7 8 9 GP 29 28 27 26 25 24